LA VÉRITÉ

SUR LA

COMMUNE DE 1870-1871

A LYON

Par un ex-Capitaine de la Garde nationale

PRIX : 50 CENTIMES

LYON
IMPRIMERIE ADMINISTRATIVE CHANOINE
LÉON DELAROCHE ET Cie, SUCCESSEURS
10, Place de la Charité, 10

1882

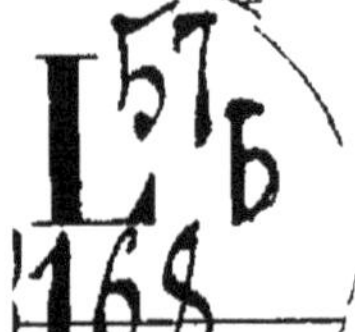

LA VÉRITÉ

SUR LA

COMMUNE DE 1870-1871

A LYON

Par un ex-Capitaine de la Garde nationale

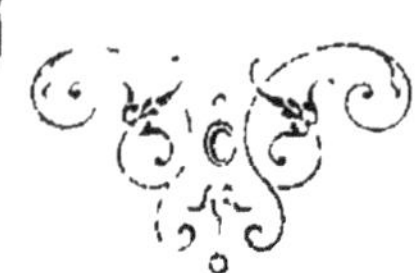

LYON
IMPRIMERIE ADMINISTRATIVE CHANOINE
LÉON DELAROCHE ET Cie, SUCCESSEURS
10, Place de la Charité, 10

1882

LA VÉRITÉ

SUR LA

COMMUNE DE 1870-1871

A LYON

Le 4 septembre 1870 j'appris le déshonneur qui frappait à Sedan notre armée mutilée. Je me trouvais dans la rue Impériale, à 2 heures de l'après-midi, lorsque je vis un citoyen tenant un mouchoir au bout d'un bâton et qui proclamait la République. L'hôtel de ville avait été envahi le matin à 7 heures et demie.

Je ne voulais pas croire à notre malheur, lorsque le 25 septembre, à 5 heures du matin, étant allé à la préfecture, je parlais à M. Hénon, maire, et à M. Barodet, son adjoint, qui m'apprirent la triste vérité.

Un cri sinistre vint terrifier la grande cité : *L'ennemi marche sur Lyon!*

Nos soldats mouraient inutilement sur la frontière! Nous, citoyens, nous devions songer à défendre nos femmes et nos foyers.

Je me mis immédiatement en mesure de former une compagnie de gardes nationaux; je m'adressais dans ce but à un ingénieur de mon quartier, beaucoup plus influent que moi et qui contribua puissamment à donner à cette compagnie un effectif de deux cents hommes. Il en refusa le commandement disant qu'il n'avait jamais servi; il proposa alors de faire appel à tous les anciens soldats parmi lesquels on nommerait un chef en attendant la formation des cadres. Je fus désigné provisoirement avec le grade de caporal. Je conduisis la compagnie sur le cours Perrache, qui devait être désormais notre lieu de rassemblement; là, il fut donné rendez-vous pour le lendemain matin, à neuf heures précises, pour aller chercher des armes.

Tous furent présents à l'appel; mais avant le départ, et sur la demande de beaucoup de citoyens, je fus nommé sergent.

Je dirigeais immédiatement la compagnie sur le fort de la Vitriolerie, où je reçus du gardien l'armement nécessaire à tous les hommes. Avant de nous séparer, j'invitais la compagnie à être le lendemain sur notre nouveau terrain de manœuvres, afin de commencer l'école du soldat;

je désignais de suite des chefs de classe parmi les anciens soldats. Le même soir, la compagnie nomma un ancien sergent-major capitaine en premier et moi, lieutenant. Quelques jours après, à la mairie du 2me arrondissement, j'obtins le grade de capitaine en second, par 181 voix sur 182; M. le Maire Castagnier était présent et il signa le procès-verbal du vote. J'ai encore cette nomination signée par lui et toutes les autorités.

Le 25 octobre j'étais de garde à la gare de Perrache, avec 150 hommes, pour surveiller l'arrivée et le départ des trains. Le chef de gare ne m'ayant pas fait signaler l'arrivée du train 363 venant de Paris, à 11 h. 30, j'allais dans la salle d'attente où je trouvais une ambulance prussienne venant de Saint-Nazaire avec le brassard suisse. A mon entrée dans la salle, je fus salué militairement par ce petit détachement composé de huit hommes dont deux docteurs.

Sur ma demande, un des chefs me présenta un laissez-passer pour Genève, apostillé par un général français; mais comme il ne répondait qu'avec embarras à mes questions, je les mis en état d'arrestation et les conduisis moi-même à la préfecture entre 50 hommes, bayonnettes au canon, pour les remettre entre les mains des autorités qui donnèrent l'ordre de les faire écrouer à la prison Saint-Paul.

Depuis ma sortie de la gare, la foule allait grossissant sur notre passage pour voir et insulter les prisonniers enveloppés par deux haies de bayonnettes; mes hommes eurent beaucoup de peine à contenir ce flot humain menaçant qui, sur la place Impériale, devint dangereux en jetant des pierres.

Ils ne furent remis en liberté que quelques jours avant l'armistice, malgré plusieurs réclamations du chancelier Bismark, dont la première arriva 48 heures après l'arrestation.

On ne peut s'empêcher de remarquer la précision avec laquelle les ordres étaient donnés et exécutés dans l'armée allemande. Douze années se sont déjà écoulées depuis cette guerre mémorable que le monde entier a appelé : *la grande boucherie!* et nous savons à peine maintenant quelles étranges ramifications l'état-major prussien a dans notre pays pour connaître (j'allais dire mieux) aussi bien que nous notre carte militaire.

Bien des événements se sont succédés pendant les mois de décembre et janvier. Paris était investi! La France agonisait!

En offrant au public cette brochure, je n'ai pas

l'intention de lui faire une nouvelle histoire de l'année terrible, mais simplement de lui raconter les faits auxquels j'ai pris part et surtout lui faire connaître la vérité sur les moyens que devait employer le comité révolutionnaire pour proclamer la Commune.

Depuis plus de quinze jours j'assistais à toutes les réunions politiques où j'entendais les discours les plus dangereux et les plus dégoûtants.

Je ne pouvais pas croire que ces orateurs d'un jour, aux mains calleuses et sales, la figure avinée, soient vraiment Français. J'ai su peu de temps après que ces réunions comptaient beaucoup d'étrangers.

On me proposa plusieurs fois de faire partie de différents comités révolutionnaires, je refusais toujours; mais, plus tard, voulant m'initier aux secrets du grand comité révolutionnaire, dans lequel se trouvaient plusieurs délégués de Paris, j'entrais comme membre au sein de cette assemblée d'énergumènes où chacun devait assister armé d'un revolver.

Dans une réunion tenue à 9 heures et demie du soir, dans un pré des environs de la Buire et à laquelle j'assistais, le comité décida de la mise à exécution des grands projets adoptés dans une assemblée précédente.

Il s'agissait d'arrêter toutes les autorités civiles et militaires et le cardinal Ginouilhac, couper toutes les lignes télégraphiques, faire sauter les voix ferrées et se payer de ces grands travaux en pillant la Banque de France; on devait aussi, pour le faire prisonnier, aller à la rencontre du colonel Denfert qui devait rentrer à Lyon le lendemain matin, revenant de Belfort avec toutes ses troupes.

Ces ordres devaient être immédiatement communiqués au comité central siégeant à la préfecture; on nomma des délégués, mais je ne me trouvais pas du nombre des élus.

En sortant de cette réunion je n'avais qu'un but : empêcher ces infamies.

On vint, quelques instants après, me prévenir que notre commandant demandait sur-le-champ tous les officiers du bataillon à la salle du rapport; là, il nous dit qu'on devait l'arrêter dans la nuit avec plusieurs autres commandants, par ordre du comité révolutionnaire, et qu'il demandait un officier et cinquante hommes de bonne volonté pour le protéger. Il accepta l'offre que je lui fit et quelques minutes après un poste était formé par moi dans un magasin de la rue Vaubecour mis à notre disposition.

A 11 heures, ne voyant venir personne, je

confiais le poste à un sous-officier et je me dirigeais vers l'hôtel de ville avec mon sous-lieutenant qui avait voulu me suivre. Arrivés sur la place des Terreaux, nous trouvons des mitrailleuses braquées aux quatre coins et un cordon de sentinelles placées à quatre pas les unes des autres.

Les membres du comité central avaient une carte rouge, pour pénétrer à l'intérieur de l'hôtel de ville il fallait la présenter. Nous n'en avions pas et le moment était critique, car nous avions déjà été remarqués.

Une idée audacieuse me vint à l'esprit; j'allais dans le premier bureau de tabac que je rencontrais et où j'achetais un cahier de papier à cigarettes rouge.

Je m'avance près de sentinelles qui m'arrêtent et me demandent où je vais; je leur réponds que je suis membre du comité central et que j'ai ma carte. Elles me laissent passer avec mon sous-lieutenant. Pour arriver à la salle des pas-perdus j'avais été obligé de faire voir plusieurs fois ma fausse carte. Je dis alors à mon sous-lieutenant de m'attendre là et que, si dans 45 minutes je n'étais pas de retour, il aille prévenir le commandant afin de me faire délivrer.

Il me restait encore à traverser une ligne de

quatre sentinelles. J'entre enfin dans la salle du comité, toujours au moyen de mon papier à cigarettes. La tâche difficile et dangereuse allait commencer pour moi.

A la porte de la salle je fus reçu par un matelot qui, croyant me reconnaître pour m'avoir vu à Marseille, me tendit la main en me demandant si je ne me souvenais pas de lui. Dans la crainte de me compromettre je lui répondis que oui. « Nous sommes enfin les maîtres, me dit-il, et il « va y avoir une grande fète! » *(sic)*.

Le spectacle étrange que je vis dans la salle, m'édifia sur la moralité de ces usurpateurs de pouvoir. Une table dressée au milieu était couverte de mets de toute nature et de nombreuses bouteilles vides.

Plusieurs de ces nobles dictateurs étaient sous la table plongés dans le doux sommeil de l'ivresse oubliant là les soucis des affaires et les vanités de ce monde; les autres, qui avaient sans doute résisté à l'influence pernicieuse de dame bouteille, à cause de leurs grandes capacités, mangeaient beaucoup et parlaient très fort. Ils étaient environ 150. On m'invita à prendre part au festin, j'acceptais pour ne pas passer pour suspect.

J'étais dans la place, il s'agissait d'en profiter très promptement; j'aurais pu dire la place forte, car chacun avait à la portée de sa main un revolver ou un fusil chargé.

Je questionnais prudemment le matelot qui m'avait servi d'introducteur, il m'annonça que les délégués du comité révolutionnaire venaient d'arriver pour communiquer les décisions dont j'ai parlé plus haut, mais que le comité central avait ajouté qu'il fallait incendier le centre de la ville et mettre Lyon trois jours au pillage ; il me dit aussi que l'on devait former cinq détachements, commandé chacun par un officier et accompagné d'un délégué, pour opérer sur plusieurs points de la ville en même temps.

Un délégué vient à ce moment, annoncer à l'assemblée que M. le préfet Valentin venait d'être fait prisonnier et qu'il était détenu dans une salle voisine.

Pendant que le comité délibérait sur cette question, je reçus de M. Valentin, par une sentinelle, un bout de billet ainsi conçu :

« Veuillez, je vous prie, faire fusiller votre « prisonnier. »

« Signé : VALENTIN, républicain. »

Je le remis à un délégué qui monta sur une table pour en faire la lecture ; voyant les esprits échauffés et craignant pour la vie d'un innocent, je demandais la parole, elle me fut accordée. Voici les paroles que je prononçais :

« Chers Citoyens,

« Le bout de billet que vient de vous lire
« Monsieur le délégué, est une preuve convain-
« cante du caractère républicain de M. le préfet
« Valentin. Nous commettrions une grande faute
« en le faisant fusiller, car c'est un homme qui
« plus tard pourra nous rendre de grands ser-
« vices. Je demande sa mise en liberté immédiate.
« Nous allons voter, mais comme le temps nous
« manque, nous nous servirons du moyen le plus
« simple, c'est-à-dire que ceux qui sont pour,
« passeront à droite, et les autres à gauche. »

Ma proposition fut acceptée et sa mise en liberté gagnée à une grande majorité.

Presque aussitôt, un citoyen prononça ces paroles :

« Chers Citoyens,

« Le moment de frapper nos ennemis est venu,
« mais comme parmi nous il pourrait se trouver
« un mouchard qui fasse échouer nos plans, nous
« allons former plusieurs bureaux où chaque

« citoyen présent ira se faire inscrire et donnera « sa carte. On va fermer toutes les portes afin « que personne ne puisse se sauver ; celui qui ne « pourra pas présenter sa carte sera fusillé « séance tenante dans la salle ! »

Ce petit discours fut couvert d'applaudissements.

Mon papier à cigarettes ne pouvait plus me servir. Je me voyais déjà en face de douze canons de fusils dirigés sur ma poitrine, sachant bien entre les mains de quels individus se trouvait maintenant ma vie.

Rien ne donne du courage et de la hardiesse comme le danger.

Je me mis à approuver très haut les mesures à prendre et j'en félicitais l'instigateur. J'eus un véritable succès en formant moi-même un bureau. Tout en inscrivant les noms et vérifiant les cartes, je parvins à en garder une. Personne ne fut découvert ; je vis alors que j'étais seul de traitre dans cette noble assemblée.

Je venais d'échapper à la mort d'une façon vraiment miraculeuse ; dans la salle des Pas-Perdus je retrouvais mon sous-lieutenant très inquiet sur mon sort ; je quittais avec lui la Préfecture sans que mon absence ait été remarquée.

Il fallait agir sans retard, pour prévenir l'ignoble massacre qui devait commencer quelques heures après.

Notre première visite fut pour le quartier général, rue Boissac, où un jeune officier nous répondit que le général Crozat, commandant la place, était campé devant la gare de Perrache.

Nous le trouvons en effet avec tout son état-major, deux batteries d'artillerie, deux compagnies de matelots et les débris de quelques régiments ; il fit immédiatement rentrer ses troupes dans un fort. Le colonel Denfert fut prévenu par dépêche télégraphique à Bourgoin où il fit distribuer un paquet de cartouches à tous ses hommes pour entrer à Lyon.

En revenant de la gare nous avons été chez le général commandant la garde nationale qui, d'après notre rapport, fit de suite rassembler le 3e bataillon sur la place Bellecour. Le commandant du bataillon, officier de la Légion d'honneur, marcha sur l'hôtel de ville, d'où il chassa à 4 h. du matin, par les portes et les fenêtres la horde de ces bandits affamés.

Quelques heures après tout était rentré dans le calme, et le drapeau national flottait sur le dôme de l'hôtel de ville.

Avant de terminer cette petite brochure, je

tiens à dire au lecteur que tous les rapports des faits que j'avance, existent encore et que, si je ne nomme pas les membres de ces comités, c'est que mon intention n'est pas d'attaquer qui que ce soit, mais simplement de lui faire savoir des détails inconnus jusqu'à présent.

Beaucoup ont du reste payé leurs erreurs par des condamnations sévères, ils ne doivent donc plus rien à la justice ; d'autres habitent encore Lyon et Paris.

JASSERAND

Lyon, juin 1882.

6027 — Impr. Chanoine, L. Delaroche et Cie, succrs, Lyon